LETTRES
SUR
L'ENSEIGNEMENT

PAR

ERNEST BERSOT,

Agrégé de philosophie, docteur ès-lettres.

TROISIÈME LETTRE

HISTOIRE DES PLANS D'ÉTUDES

PRIX : 50 CENT.

PARIS
LIBRAIRIE DE L. HACHETTE ET Cⁱᵉ
RUE PIERRE-SARRAZIN, Nº 14.

1857

Versailles, 14 mars 1857.

Mon cher et ancien Collègue,

J'entreprends une sorte d'histoire des variations des plans d'études. Elle sera ce que la feront ceux qui la liront : pour les uns des détails de collége, pour les autres un chapitre négligé de l'histoire de France. Les Français y sont ce qu'ils sont partout ; dès qu'ils ont planté un arbre, vite ils l'arrachent, et chez eux, quand la politique change tout change ; or elle change quelquefois. On peut donc voir ici le caractère national perpétuel et, dans un espace de cinquante années, l'esprit des temps, le travail de l'opinion, les tendances des gouvernements, leurs sympathies et leurs antipathies, les alliances naturelles de certains enseignements avec certaines formes politiques, tout cela naïvement accusé, dans un pays où il faut une révolution pour relever la cloche et une autre révolution pour rétablir le tambour. Les gouvernements partent d'une idée qu'ils regardent comme entièrement vraie, et qui ne l'est qu'à moitié. Ils croient que tenir l'enseignement, c'est tenir tout. Ils comptent sans la nature humaine, qui ne se laisse pas faire comme on veut, et sans la société, qui dérange bien des choses dans les éducations, surtout dans les éducations artificielles. Comptez les gouvernements qui se sont succédé chez nous depuis soixante ans, ils ont élevé des générations pour leurs successeurs. Ce qui est plus vrai, c'est qu'entre les enseignements, plusieurs ont un caractère dont ne s'accommodent pas tous les régimes : telles sont la philosophie et l'histoire. Quant aux sciences, elles annoncent une société dont l'activité se tourne vers la terre, des intérêts nouveaux, une puissance nouvelle, et toutes les fois que la société ancienne revient, elle ne les voit pas avec plaisir ; suspectes, comme sortant de la révolution, elles sont refoulées avec elle et reviennent avec elle, jusqu'à ce qu'on s'aperçoive qu'elles ne sont pas la révolution, mais un de ses instincts, et qu'en flattant celui-là on la distrait des autres.

I.

Jusqu'à la création de l'Université, au règlement de 1809, les lettres et les sciences sont séparées. La Convention (25 février 1795) décrète l'établissement d'*Écoles centrales*, pour l'enseignement des sciences, des lettres et des arts. Les arts professionnels disparurent bientôt. L'enseignement consiste en cours publics ; il est divisé en trois sections : la première, pour les enfants de douze ans accomplis, comprend les langues anciennes, au besoin les langues vivantes, l'histoire naturelle et le dessin ; la deuxième, pour les enfants de quatorze ans, les éléments des mathématiques, de la physique et de la chimie ; la troisième, pour les enfants de seize ans, la grammaire générale, les belles-lettres, l'histoire et la législation. On remarquera les sciences placées assez singulièrement dans les deux années de quatorze à seize, entre les cours de lettres, avant et après. Ces écoles s'organisèrent très-difficilement : privées de pensionnats, en forme de cours de Facultés, sans discipline scholastique, ne prenant les enfants qu'à douze ans et les classant par l'âge, non par le progrès, elles ne remplaçaient pas les anciens colléges. Le Directoire tâcha de les vivifier : il annonça (17 novembre 1797) qu'il ne promettait de places et d'avancement qu'à ceux qui fréquenteraient l'une des Ecoles centrales et qui y enverraient leurs enfants; il y jeta toute une population de candidats. Si elles n'avaient pas donné ce qu'on en attendait, elles avaient du moins fait connaître davantage les sciences exactes et les sciences d'observation. L'*Ecole centrale des travaux publics* (créée en septembre 1794, depuis *Ecole Polytechnique*), avait, de son côté, servi la même cause. « On lui doit, dit Fourcroy en 1802, les grandes études faites en mathématiques, le goût si répandu de cette science, et la formation d'une foule d'écoles où on les enseigne aujourd'hui. » A côté des Ecoles centrales, il y avait une institution organisée en collège : c'était le *Prytanée français*. Il fut décrété sous le Consulat, le 22 mars 1800. Le Prytanée ne recevait que des boursiers, enfants de militaires. En voici le régime, et l'origine de la bifurcation. Deux sections, la première d'enfants au-dessous de douze ans, réunis dans une éducation commune. A l'entrée de la seconde section, les élèves destinés à la carrière civile et les élèves destinés à la carrière militaire, distingués ainsi par leur choix, le choix de leurs parents et de leurs maîtres, se séparent. Les élèves destinés à la carrière civile sont distribués en quatre classes, dont deux d'humanités (latin, grec, histoire), la troisième de rhétorique, et la quatrième de philosophie. Dans la classe de philosophie, ils sont formés à l'art de raisonner par les principes de la dialectique ; pour donner à leur jugement une plus grande exactitude, ils ajoutent à ces exercices un cours de géométrie élémentaire. Les élèves destinés à la carrière militaire sont partagés, dans l'ordre de leurs progrès, en trois classes au moins : la physique, la chimie, l'astronomie étant enseignées dans la dernière, avec des applications à l'art militaire. Les élèves des sections civile et militaire étudient en commun l'allemand, l'anglais ; les élèves de la section militaire reçoivent à part des leçons d'armes et de danse. La danse était un privilége, et les élèves des lettres étaient sacrifiés.

Le 1ᵉʳ mai 1802 est présentée une loi générale sur l'instruction publique, portant création d'un lycée au moins par arrondissement de tribunal d'appel. Le temps était aux sciences. Aussi le rapport de Fourcroy fait une critique amère des études de l'ancien régime. « La seconde année de cette philosophie des colléges, consacrée à la physique, n'en portait presque que le nom. Quinze ans avant la suppression des Universités, à peine y avait-on ébauché un véritable enseignement de mathématiques et de géométrie. Six mois tout au plus étaient accordés à ces sciences, qui auraient dû occuper trois ou quatre années de la jeunesse. Sur trois ou quatre cents écoliers, il s'en trouvait quelquefois deux ou trois dont l'application et l'intelligence, ou dont une disposition particulière favorisaient assez les progrès pour leur faire tirer quelques profits de cette étude, et pour décider leur goût. Au lieu d'un cours de physique et d'histoire naturelle, un démonstrateur ambulant venait montrer quelques phénomènes électriques ou magnétiques, quelques expériences dans le vide, la circulation du sang dans le mésentère d'une grenouille, le spectacle du grossissement de quelques objets par le microscope. Là se bornait l'étude de la nature dans les colléges; et l'on décorait ces séances de quelques heures du nom de physique, parce que, quelques mois auparavant, on avait dicté des cahiers de théories et d'explications, qui n'étaient que des mots vides de sens pour la majorité des élèves. Je n'ai point chargé le tableau ; j'ai dit ce que j'ai vu, ce que plusieurs de ceux qui m'écoutent ont vu comme moi. »

Le plan d'études de 1802 inaugure dans l'instruction publique la bifurcation essayée au Prytanée. L'arrêté du 10 décembre en organise le système. Les études sont communes jusqu'à la cinquième inclusivement; on y apprend le latin et les quatre règles de l'arithmétique; après la cinquième la séparation se fait. Le cours littéraire comprend six classes, de la sixième à la rhétorique ; le cours scientifique six classes, de la quatrième aux mathématiques transcendantes, qui durent encore deux ans. Mais les six années, littéraires et scientifiques, peuvent être parcourues en trois. Dans le cours littéraire, on voit latin et français, avec les exercices actuels (le grec ne paraît pas encore), l'histoire et la géographie. Dans le cours scientifique, les mathématiques tout le temps, puis successivement les éléments des sciences naturelles, les unes et les autres pour l'utilité industrielle, le levé des plans et le tracé des cartes géographiques. L'opinion se prononça fortement contre cet envahissement des mathématiques, comme le constate l'exposé des motifs de la loi de 1806, qui méditait un autre système.

Avec l'Université tout change. Déjà loin de ses premières études mathématiques, Napoléon n'envisageait plus les lettres et les sciences que comme des puissances égales de l'esprit humain et les futurs ornements de son règne. Dans le règlement de 1809 (complété bientôt) les élèves commencent les mathématiques en même temps que les humanités, pour continuer les deux jusqu'à la fin. Auparavant, c'était en quatrième que les lettres et les sciences se séparaient; c'est en troisième qu'elles se réunissent. Le cours d'études se divise en sept années, deux de grammaire, deux d'humanités (le grec commence), une de rhétorique, une de philosophie, une de mathématiques spéciales. Il fut entendu qu'un élève n'entrerait dans une classe de lettres que s'il savait les mathématiques correspondantes, « parce que c'est principalement par la réunion de ces deux genres d'instruction, portés chacun au degré convenable, que les lycées doivent se distinguer des autres établissements.»(14 juin 1811.)

Cette union est ébranlée par la Restauration. On devine de quel côté elle inclinera. Un arrêté de 1814 (28 septembre) recule jusqu'à la seconde l'étude des mathématiques, laissant une seule leçon de sciences naturelles aux élèves de troisième, de seconde et de rhétorique. Bientôt (30 septembre 1815, ministère de l'abbé de Montesquiou) le cours de mathématiques est rejeté en dehors des heures ordinaires des classes, pour être placé où il pourra, et mettre les élèves en état de suivre la leçon de sciences naturelles. Deux actes de 1821 (ordonnance du 27 février et arrêté du 5 septembre, ministère Corbière) rejettent les sciences tout à la fin, dans deux années de philosophie. Je me trompe, on dictait en quatrième et en troisième des thèmes sur l'histoire naturelle. Les élèves pouvaient, s'ils renonçaient aux grades, après la quatrième, passer directement en philosophie. Cela était net; mais il paraît qu'il y eut des réclamations. Dès la même année (10 novembre), la leçon unique de sciences naturelles est rétablie, et, le cours de philosophie étant réduit à la première année, les sciences prennent l'autre tout entière.

En 1826, les lettres et les sciences s'allient de nouveau (16 septembre) à partir de la seconde ; on revient au régime de 1814. M. de Frayssinous en disait le motif : « Les dispositions du statut dernier, relatives à l'enseignement des sciences physiques et mathématiques n'ont obtenu jusqu'à présent que des résultats incomplets. » De la seconde, elles passent à la troisième, au commencement de 1830 (3 avril, ministère Guernon-Ranville) ; en 1833 (ministère Guizot), elles montent encore dans la quatrième, l'histoire naturelle occupant déjà les deux classes précédentes.

En 1840, l'harmonie des lettres et des sciences est de nouveau troublée. Préoccupé de la perfection de l'esprit, qui veut toutes les études en leur temps, M. Cousin reporte les sciences dans la philosophie, à laquelle il aurait voulu donner deux années, les élèves de philosophie étant répartis en deux cours, l'un plus fort, l'autre plus faible, selon leur besoin. Le plan était simple; mais les nécessités se firent sentir, on craignit pour les Ecoles spéciales. Il fallut donc, pour ceux qui le voudraient, rétablir d'une façon quelconque les conférences préparatoires de sciences, depuis la quatrième, et organiser, à côté du cours de philosophie, un autre cours moins élevé.

L'arrêté de 1841 (14 septembre, ministère Villemain) rend les conférences obligatoires à partir de la troisième ; l'arrêté de 1847 (5 mars, ministère Salvandy) les rend obligatoires à partir de la quatrième; et nous voilà, par un tour, revenus à 1833, comme en 1826, par un autre tour, nous étions revenus à 1814. MM. de Salvandy, Vaulabelle et Lanjuinais, reprenant l'idée de M. de Vatimesnil, autorisent un enseignement spécial, pour l'industrie et le commerce, mais en ajoutant les Ecoles, et avec des programmes de trois années, qui sont les programmes de la section scientifique actuelle. Ce sont peut-être les mêmes savants qui ont aidé ces différents ministres.

En 1852 (10 avril) paraît le système d'études que l'on sait et qui nous régit.

Résumons cette histoire. En 1802, séparation des lettres et des sciences ; en 1809, égalité ; de 1814 à 1821, primauté des lettres ; en 1826, retour à l'égalité ; en 1840, retour à l'inégalité, par la primauté des lettres, mais aussitôt rentrée détournée des sciences; en 1852, divorce complet, comme en 1802. Le cercle est révolu. Fontenelle avait raison de dire : « Les sottises des pères sont perdues pour les enfants. »

Voulez-vous suivre plus aisément encore les courants de la politique, suivez les chances par lesquelles la philosophie et l'histoire ont passé. Après le plan d'études de 1802, qui ne mentionne pas la philosophie, et les règlements de l'Université, qui l'établissent dans tous les lycées, mais comme exercice de dialectique, sa fortune n'est-elle pas exactement celle du libéralisme ? Il n'y a qu'à citer quelques dates. 1821 (ministère Corbière), elle sera enseignée en latin, et deux ans après, l'examen du baccalauréat sera fait en latin ; en 1829 (ministère de M. de Vatimesnil, qu'on retrouve à l'origine de toutes les mesures libérales), le retour à l'enseignement en français est annoncé ; même année (ministère Montbel), l'enseignement en latin est maintenu et fortifié par l'argumentation latine ; 1830 (11 septembre), l'enseignement et l'argumentation en latin supprimés, la dissertation latine maintenue, le prix d'honneur passant à la dissertation française ; 1832, le programme latin du baccalauréat remplacé par le programme français ; 1849 (ministère Parieu), histoire de la philosophie supprimée ; 1852 (ministère Fortoul), la philosophie appelée logique et réduite à trois questions.

Pour l'histoire, qui, en 1802, avait une place honnête, le fondateur de l'Université ne paraît pas avoir voulu lui donner un trop grand essor. En 1809, après l'histoire sainte enseignée en cinquième, tout ce qu'on trouve est une recommandation aux professeurs de lettres en troisième et en seconde de diriger les lectures de leurs élèves de manière à leur donner les principales notions de l'histoire ; 1814, elle est enseignée régulièrement et répartie de la sixième à la rhétorique inclusivement, et confiée, dans plusieurs collèges, dès la quatrième, à un professeur spécial ; 1820, sous le ministère Siméon et l'influence de M. de Corbière, président du Conseil de l'Université, une circulaire détermine la direction à suivre : « Le but de l'enseignement de l'histoire est surtout moral. Le professeur d'histoire ancienne s'appliquera spécialement à faire chérir aux élèves le gouvernement monarchique sous lequel ils ont le bonheur de vivre. Le professeur d'histoire moderne, qui s'occupe principalement de l'histoire de France, s'attachera à fortifier de plus en plus, dans le cœur des élèves, les sentiments d'amour pour la dynastie régnante, et de reconnaissance pour les institutions dont la France lui est redevable. » Les gouvernements se suivent et se ressemblent quelquefois. Un catéchisme de 1811, seul prescrit pour toute l'étendue de l'Empire, appliquant le précepte : « Tes père et mère honoreras » à l'Empereur, mettait entre les devoirs de respect, d'obéissance, d'amour, « les tributs et le service militaire, » afin de vivre longuement. En 1821 l'histoire disparaît de la rhétorique, de la seconde en 1826 ; elle s'arrête, comme on voit, de bonne heure, et n'est préoccupée que de l'histoire de l'Eglise ; point de rédactions écrites : des résumés appris par cœur ; 1829 (ministère Vatimesnil), elle est retranchée dans les classes inférieures et portée dans les hautes classes : dans les classes inférieures « les esprits ne sont pas assez mûrs pour tirer de cette étude tout le fruit désirable. » Le cours dut ne se terminer qu'après la classe de rhétorique, où le professeur s'attacherait particulièrement à faire connaître le génie et l'influence de la France ; 1830 (3 avril, ministère Guernon Ranville), elle va de la cinquième à la rhétorique inclusivement ; 1833 (ministère Guizot), elle est enseignée dans toutes les classes, à partir de la sixième et par un professeur spécial ; 1848 (ministères Carnot et Vaulabelle), l'histoire moderne est portée jusqu'en 1814 ; 1852, point de rédactions écrites : des résumés appris par cœur.

II.

Qu'y a-t-il de nouveau dans ce système d'études? Le ministre qui le propose annonce qu'il revient au système de 1802, du Consulat, et que l'enseignement est rajeuni. Rajeuni en effet, car il lui ôte cinquante ans. Je crains qu'au lieu d'un rajeunissement, ce ne soit qu'un retour de jeunesse ; et il y en a de bien dangereux.

Cela dit, examinons le plan d'études en lui-même. Il est jugé par quelques principes que je rappellerai ici.

1° Il paraît admis par tout le monde qu'un homme qui a reçu une éducation doit savoir un peu des lettres et un peu des sciences, afin de s'intéresser à toutes les choses de l'esprit. Il faut qu'au théâtre il ne soit pas étranger ; il faut aussi qu'à propos des merveilles de l'industrie, de la vapeur, de la lumière, de l'électricité, il soit capable de suivre une explication au moins jusqu'au point où elle se perd dans les formules. Les journaux et les revues ont fait cette double part.

2° Il est moins généralement admis, mais c'est une vérité d'observation constante chez tous les hommes qui se sont occupés d'enseignement, que, sauf des vocations particulières, exclusives, les meilleurs esprits ne sont pas ceux qui ont pratiqué seulement les lettres ou seulement les sciences, mais ceux qui ont pratiqué les deux. Pourquoi? La gymnastique le sait. Un seul exercice n'exerce pas assez ; aussi, quand elle forme des jeunes gens, elle en exige l'effort et l'effort varié ; elle ne donne pas la force ou la souplesse à un membre pour servir dans une occasion prévue, elle donne ce qui vaut mieux, une vigueur et une habileté qui suffiront à tout. On devra donc tenir au double enseignement scientifique et littéraire si on tient à la perfection de l'esprit humain ; on devra y tenir même pour l'application, pour la pratique, où l'intelligence ne gâte rien.

En réfléchissant sur les systèmes d'instruction, il m'est souvent revenu à la mémoire cette scène de Molière, dans son *Malade imaginaire*, que tout le monde connaît, mais que je demande la permission de redonner ici :

Toinette. Que diantre faites-vous de ce bras-là ?
Argan. Comment ?
Toinette. Voilà un bras que je me ferais couper tout à l'heure, si j'étais que de vous.
Argan. Et pourquoi ?
Toinette. Ne voyez-vous pas qu'il tire à soi toute la nourriture, et qu'il empêche ce côté-là de profiter ?
Argan. Oui ; mais j'ai besoin de mon bras.
Toinette. Vous avez là aussi un œil droit que je me ferais crever si j'étais à votre place.
Argan. Crever un œil ?
Toinette. Ne voyez-vous pas qu'il incommode l'autre, et lui dérobe sa nourriture ? Croyez-moi, faites-vous-le crever au plus tôt ; vous en verrez plus clair de l'œil gauche.
Argan. Cela n'est pas pressé.
Béralde. Voilà un médecin vraiment qui paraît fort habile.
Argan. Oui ; mais il y va un peu bien vite.
Béralde. Tous les grands médecins sont comme cela.
Argan. Me couper un bras et me crever un œil, afin que l'autre se porte mieux ! J'aime bien mieux qu'il ne se porte pas si bien. La belle opération de me rendre borgne et manchot !

Nous avons de notre temps, comme du temps de Molière, de grands médecins, et qui nous conseillent de nous crever un œil pour fortifier l'autre ; seulement, voici la différence. Les nôtres s'accordent tous sur un point, c'est qu'il faut crever un œil ; mais les uns veulent crever l'œil droit, les autres veulent crever l'œil gauche, et nous, nous sommes plus dociles qu'Argan : nous nous laissons crever l'œil que la mode veut, pour ne pas être ridicules. Résigné à l'être, je tiens à la fois pour le gauche et pour le droit : on n'a pas trop de ses deux yeux pour bien voir en ce monde.

3° Il est sage de proportionner l'instruction aux enfants qui la reçoivent, d'attendre, pour s'adresser à une faculté, qu'elle soit éveillée : mémoire, imagination, raisonnement ; aussi, il faudra apporter une discrétion extrême dans la répartition des objets de l'enseignement selon les âges, se conformant exactement à la nature, qu'on ne force jamais sans en être puni. Tirera-t-on de là que les sciences, s'adressant au raisonnement, doivent être placées à la fin des études, avec la philosophie ? Non, si on fait la réflexion suivante. Dans les sciences mathématiques, il est permis d'aller plus ou moins loin, et de prendre ou de négliger plusieurs parties. Dans les sciences de faits, il y a plusieurs profondeurs : l'une très-reculée, où on ne descend que par une grande entreprise, les autres moins sévères, et demandant de moins en moins d'efforts, jusqu'à la surface, qui est éclairée de la lumière commune. Tout le monde ne peut pas toutes choses : tel âge et tel esprit va jusqu'ici, tel autre jusque là ; on peut entrer sans être de force à aller jusqu'au fond. Pourquoi donc, au lieu de tenir une science cachée jusqu'à ce qu'on puisse la découvrir en entier, ne pas en donner diverses vues, à chaque vue nouvelle l'esprit se rappelant les précédentes, mais voyant enchaînées certaines choses auparavant éparses, et désirant connaître encore davantage ?

4° Les sciences sont une chose excellente; mais il y a quelque chose qui vaut encore mieux : l'intelligence qui a fait les sciences et les perfectionne chaque jour. Voyons donc comment on a entendu l'enseignement nouveau.

On interdit de définir ce qui est simple, de démontrer ce qui est évident, de chercher des démonstrations subtiles, au lieu de se contenter de démonstrations naturelles : c'est bien ; on intéresse les élèves en leur découvrant les applications des vérités qu'ils ont apprises et même les mettant à l'œuvre, comme pour le levé des plans et le nivellement : c'est bien encore ; mais, pour le reste, entendons-nous. Il y a deux choses dans une science : le corps et l'esprit. Le corps, ce sont les faits et les vérités; l'esprit, c'est la faculté qui embrasse toutes ces vérités, s'y reconnaît, pour se rendre compte de celles qui existent et en trouver d'autres. Vous pourriez savoir tous les faits de l'histoire, toutes les vérités de la philosophie, toutes les propositions de la géométrie, que vous n'auriez l'esprit ni de l'histoire, ni de la philosophie, ni des mathématiques : pour la philosophie, le sentiment des problèmes et la méthode ; pour les mathématiques, la logique qui enchaîne la dernière à la première proposition, le scrupule pour se rendre perpétuellement raison, la patience pour aller pas à pas, la puissance d'abstraire et de généraliser, l'habileté des constructions, qui rendent les démonstrations plus faciles, l'adresse à résoudre les problèmes. Il y a pareillement les affaires et l'esprit des affaires, la guerre et l'esprit de la guerre, la médecine et le tact du praticien, qui voit, qui devine, qui applique avec discernement. Franchement, sans cet esprit, qu'est-ce que la science, qu'est-ce que l'art? ou plutôt y a-t-il une science et un art ? Il ne s'agit pas de former des génies, on le sait, il s'agit de former des hommes; mais les génies sont des hommes d'abord : ils ont des facultés plus puissantes que les nôtres, mais ce sont nos facultés; ils ont une vue plus perçante que la nôtre, mais ils voient avec nos yeux. Sans prétendre à leur rang, on peut toujours développer en soi les qualités qui les élèvent, et, en attendant que le génie vienne, il n'est pas mal de se servir de l'esprit qu'on a. Le père de Pascal ne prévoyait pas ce que son fils serait un jour, mais il l'élevait pour être tout ce qu'il pourrait être : « Sa principale maxime, dans cette éducation, dit Mme Périer, était de tenir toujours cet enfant au-dessus de son ouvrage. » Et c'est en effet là tout le secret. Celui qui est engagé dans son ouvrage est un manœuvre; celui qui est au-dessus de son ouvrage fait cela et il est capable de faire autre chose; il y est à la façon dont l'âme est dans le corps, mouvant un membre, mais comme de haut, restant à elle-même, dominant son opération, exécutant cela avec une force qui peut plus, mesure le mouvement qu'elle donne et le porte où il lui plaît. Vous donc, comme le père de Pascal, tenez toujours l'enfant au-dessus de son ouvrage; cet enfant saura ce que les autres savent, et il aura ce que les autres n'ont pas : d'abord la raison de ce qu'il fait, puis la liberté d'un esprit vigoureux qui ne s'emploie tout entier nulle part, et s'exerce partout à faire plus. L'esprit n'est pas un magasin, c'est un instrument.

Je reviens à ma question.

Comment, dans le plan d'études actuel, a-t-on entendu l'enseignement des mathématiques? Est-ce comme un exercice puissant, une école excellente de raisonnement, ou comme une série de questions à épuiser pour les réciter à la porte des Écoles? Je demande si les examinateurs des Écoles ont pour instructions de retourner les esprits en tous sens pour s'assurer qu'ils savent ce qu'ils disent, qu'ils possèdent les mathématiques par raison, et ne s'en sont pas tenus à la lettre? Je demande si les professeurs de mathématiques des colléges, formés par un autre art et nourris des anciens préjugés, trouvent leurs élèves disposés à les suivre dans la discussion des méthodes, dans la solution des problèmes curieux, ou si, toutes les fois qu'ils les invitent à ces travaux, ils ne trouvent pas des auditeurs distraits ou mal disposés pour tout ce qui n'est pas expressément spécifié au programme? En attirant fortement l'attention des élèves sur l'avantage des mathématiques pour l'entrée dans les services publics et pour la pratique matérielle, en détournant leur attention de cet autre côté qui regarde la perfection de l'esprit, que fait-on? Je vous le demande, mais on vous l'a dit : « des bêtes utiles. » Tout le monde cherchait ce mot; M. Saint-Marc-Girardin l'a trouvé : un mot fâcheux dont vous ne pourrez plus vous défaire.

Tout enseignement mal fait est mauvais, particulièrement l'enseignement des mathématiques. Ce n'est pas une science indifférente, c'est une discipline; quand un esprit a passé par elle, il garde un pli. Si la science a été bien enseignée, en sorte que l'élève fût perpétuellement actif, se rendît toujours compte, et des principes et des conséquences, il sort de là vigoureux; si la science a été mal enseignée, si l'élève a été perpétuellement passif, apprenant un à un les théorèmes, ne s'interrogeant pas, ne comparant pas, ne jugeant pas, il sort de là avec la plus triste habitude, l'habitude de répéter un raisonnement sans raisonner. Ce sera donc un très-pauvre personnage, mais, je l'avoue, très-commode à gouverner; car on lui donnera, pendant le reste de sa vie, des raisonnements tout faits où on mettra ce qu'on voudra sans qu'il y regarde, et qu'il répétera docilement et fièrement. Ensuite, rendez-le religieux comme vous l'avez rendu mathématicien : dispensez-le de penser quand il prie, qu'il récite avec ferveur des formules, ce sera un homme cela.

Selon les principes que je viens de rappeler et qui avaient longtemps dirigé l'instruction publique avant les découvertes de ces dernières années, on aurait un plan d'études naturel.

On pourrait commencer l'étude des sciences avec l'étude des langues. D'abord les classifications de l'histoire naturelle, pour lesquelles les enfants sont merveilleux et qui occupent leurs promenades ; des calculs et des mesures, qu'ils tiennent à faire avec précision, les mesures motivant de plus des excursions et un travail en plein air, à quoi tous les objets fournissent, la hauteur d'un arbre, l'étendue d'un champ ou d'une pièce d'eau, etc.; plus tard, les théories les plus essentielles de l'arithmétique, la géométrie plane surtout, et les commencements de l'algèbre, accompagnés des principales notions des sciences naturelles. Arrivés en philosophie, les élèves destinés au grade de bachelier ès-lettres reverraient toutes ces matières, tandis que les autres, destinés aux Ecoles, iraient plus au fond et plus avant, selon la pratique du cours de mathématiques élémentaires. Une année, deux pour les moins forts, les prépareraient à l'Ecole de Saint-Cyr ; quelques-uns pousseraient jusqu'au cours de mathématiques spéciales, en vue de l'Ecole polytechnique et de l'Ecole normale scientifique. Et quelque chose qu'on fasse, on s'attacherait à former l'esprit.

Le succès des grandes choses dépend souvent de l'observation des petites. Je vais vous donner le même plan d'études dans deux colléges, par exemple un enseignement scientifique dans les classes de troisième, seconde et rhétorique ; ce plan sera excellent ici, là détestable. Et pourquoi ? Tout dépend de la mesure. Dans un collège le professeur, voyant à quels jeunes cerveaux il a affaire, qu'il s'agit d'une simple initiation aux sciences et que rien n'est pressé, s'en tiendra aux éléments, aux notions générales les plus accessibles; dans l'autre, le professeur, de plus haut vol, prétendra épuiser la matière, montrer le fin des sciences. Ne sait-on pas quelle différence il y a, à programme égal, entre un cours d'histoire et un cours d'histoire, entre un cours de philosophie et un cours de philosophie ; ne sait-on pas comment deux maîtres différents appliquent aux mêmes questions un enseignement de collège ou un enseignement de Faculté? Le plan d'études est quelque chose, le programme est davantage, l'esprit est tout : car c'est lui qui met la mesure. Joseph de Maistre, l'oracle, a inventé, entre autres, cette idée bizarre, pour concilier les lois générales du monde avec l'efficacité des prières. Suivant lui, il y a, pour une année, une quantité de pluie fixée irrévocablement ; mais où et comment tombera-t-elle ? Voilà ce qui est incertain et libre, et ce que les prières déterminent. C'est peu de chose, pense-t-on, on ne fait attention d'abord qu'à toute cette eau qui emplit les grands réservoirs; mais, à la réflexion, l'important, c'est la façon dont elle se distribue ; car c'est ainsi qu'elle nous arrive, et, selon qu'elle tombe dans un endroit ou dans un autre, qu'elle tombe à gouttes ou à flots, elle humecte ou elle détrempe, elle arrose ou elle noie. Il en est ainsi de l'instruction. La quantité de science étant fixée pour l'ensemble des classes, l'important est la distribution, la mesure, par laquelle les esprits sont arrosés ou noyés.

Voilà pour les sciences ; voici pour les lettres.

La version latine est un très-bon exercice. Cette nécessité de s'attacher à un auteur, de pénétrer sa pensée dans chaque phrase et de la suivre en confrontant toutes les phrases les unes avec les autres, cette nécessité donne à l'intelligence une forte logique. Il y a de plus ici le travail de la forme, qui est très-précieux. Dans l'effort pour interpréter fidèlement un auteur sans lui rien ôter, sans lui prêter rien, pour traduire et le sens, et, ce qui est plus que le sens, le mouvement, la couleur, l'harmonie, la langue s'assouplit singulièrement et trouve des forces qu'elle ignorait. J'ajoute qu'en général les textes des versions sont intéressants et peuvent prêter à toutes sortes d'explications par lesquelles un professeur instruit captive les élèves.

Le discours français, quand on donne seulement le sujet et quelques notions d'histoire qui s'y rapportent, sert à trouver les idées et les sentiments qui conviennent à une situation particulière, et à les rendre ; il peut être utile, pourvu que le professeur donne aux élèves la haine de la déclamation, l'amour de la vérité, et mette souvent sous leurs yeux les discours réels que fournit l'histoire. Ce qu'on appelle, dans les classes, amplification, cette matière où le professeur dicte toutes les idées du sujet et quelquefois commence les phrases, l'élève n'ayant plus qu'à amplifier la matière donnée, ce travail, pour le moins, n'est pas profitable, et il risque d'être dangereux : il enfle l'esprit et le style ; ce qui n'est point bon ! Je consens qu'on amplifie, pourvu que dans une classe qui viendra ensuite, on apprenne à resserrer. Mais j'oublie que dans les pensions de demoiselles, on leur donne maintenant des prix de style et qu'il est juste que les hommes aient encore plus de style. On devra, ce me semble, goûter des compositions sur des sujets familiers aux élèves, où ils mettraient leurs observations, leurs impressions, leurs sentiments, leurs fantaisies, où en un mot, ils se mettraient eux-mêmes, s'habituant à comparer ce qu'ils disent avec ce qu'ils sentent, essayant diverses formes pour le rendre mieux.

Pour le discours latin et les vers latins, je n'ai pas changé d'avis depuis ma première lettre, parce que je ne pense pas que rien ait changé depuis ce temps. Infiniment peu d'élèves qui consentent à en faire, infiniment de travail pour infiniment peu de succès, et avec le succès, pour la plupart, guère de profit. Il n'est point méprisable de savoir écrire dans une langue étrangère, et un ancien disait bien que celui qui savait trois langues avait trois âmes; un homme a donc gagné beaucoup quand, par un long commerce avec les auteurs, il est arrivé à penser en latin ; mais, au point où arrivent presque tous les élèves, ils pensent en français avec beaucoup de peine, pour traduire cela avec beaucoup de peine en latin ; ce qu'ils appellent leur latin est un recueil d'expressions et de tours qui assiègent leur mémoire et se battent aux portes pour se placer ; d'ailleurs, ces expressions et ces tours sont de tous auteurs, de toutes dates, et, tandis qu'ils notent ce qui partout les a le plus frappés, comme étant le plus éloigné de l'habitude, le courant uni de la langue, c'est-à-dire la langue même leur échappe ; ils font comme nous faisons quand nous allons à l'étranger, croyant qu'il suffit de crier pour nous faire entendre et que nous parlons anglais ou allemand quand nous parlons un mauvais français. Je reste convaincu que les vers latins et les discours latins sont les seuls exercices qui rebutent la plupart des élèves des lettres, et qui empêchent la fusion entre les élèves des lettres et les élèves des sciences ; que les uns et les autres s'intéresseraient aux lectures, aux analyses, aux critiques des auteurs anciens, lus, pour le courant, dans des traductions, expliqués dans les plus beaux passages. Les traductions sont une bonne chose, surtout comme les font les professeurs de l'Université. J'admire la circulaire de 1842, qui, les proscrivant, ajoute : « Leur fidélité même est un tort, et leur élégance les condamne. »

La langue et la littérature grecques me semblent de beaucoup supérieures à la langue et à la littérature latine, mais elles sont beaucoup plus difficiles à lire : on y est, presque toute sa vie, écolier et commençant. En outre, le latin est plus nécessaire à connaître : il a longtemps été la langue des savants, la langue internationale ; origine des idiomes méridionaux, il en facilite extrêmement l'étude, et, origine du français, il l'explique à ceux qui le parlent. Par toutes ces raisons, le latin doit avoir une place considérable dans les études, bien au delà du grec. Qu'on maintienne donc l'explication des auteurs et qu'on aille aussi loin que possible ; mais qu'on renonce au thème grec, comme on a renoncé au discours grec et aux vers grecs, qu'on n'aurait pas manqué d'introduire si c'eût été possible.

Je ne reviens pas sur l'histoire, après ce que j'en ai dit dans ma première lettre. Elle est partout à sa place : depuis les classes de grammaire jusqu'à la classe de rhétorique comprise. Je voudrais que pendant tout le cours d'histoire ancienne et romaine, on se rapprochât davantage de Rollin : les élèves vivraient dans l'antiquité, on lirait avec eux ces beaux récits, ces beaux portraits, école éternelle de la morale et de l'art.

La philosophie des colléges ne serait ni une logique sans intérêt, ni une métaphysique subtile : solide, essentielle, elle serait un cours de spiritualisme, enseignant la spiritualité de l'âme, la liberté, l'immortalité, le devoir, le droit, Dieu et la Providence, défendant ces vérités contre les doctrines qui les nient ou les compromettent. Pendant un temps il a été de mode d'accuser la philosophie des colléges : on eût dit que le panthéisme était partout ; c'était quand on réclamait la liberté d'enseignement. Maintenant que la liberté d'enseignement est acquise, il n'y a plus qu'à être juste, et cela se fait chaque jour ; bien des préjugés sont tombés chez les esprits sincères : on apprend qui nous sommes en voyant qui sont nos ennemis.

J'avouerai ici une pensée qui m'a toujours préoccupé. Je désirerais, faisant attention à la nature des enfants, qu'en leur enseignant les langues, on tâchât qu'ils fussent moins passifs qu'ils ne le sont. Une grammaire est ennuyeuse à apprendre, elle est attrayante à faire, et les enfants la feront toutes les fois qu'un professeur voudra bien leur préparer le travail, les mettre sur la voie, les inviter à faire attention à une forme et à une autre, à en chercher les raisons. J'ai vu, pour mon compte, dans ces recherches, des classes entières de jeunes enfants montrer une ardeur inimaginable. L'explication étant l'occasion de ces découvertes, le thème serait l'occasion de les appliquer ; les esprits s'habitueraient ainsi à l'analyse des langues ; puis, avec les règles, ils apporteraient là uniquement les expressions et les tours qu'ils ont rencontrés. Il n'y aurait dans tout cela que deux victimes, la grammaire et le dictionnaire ; mais les enfants ont été assez longtemps victimes, et j'en ai plus de pitié.

Ce principe, de rendre les élèves plus actifs dans la classe, de les mettre de moitié dans l'enseignement, n'est pas seulement pour les classes inférieures ; il devrait être mis en vigueur jusqu'à la fin. Les enfants ne s'intéressent bien qu'à ce qu'ils font eux-mêmes, et le meilleur professeur est celui qui les met le mieux en œuvre. La classe la mieux faite est celle qui ressemble le moins à un cours de Faculté et le plus à une de ces promenades ou à un de ces voyages où un maître plein d'autorité, de science, de discrétion et de bonté pour la jeunesse, éveille sa curiosité, lui enseigne à voir, à chercher, à trouver, essaie dans toutes les circonstances son jugement et le rectifie, n'imposant point à ces mobiles esprits la raideur des exercices militaires, mais se pliant à leurs mouvements pour les former. L'intérêt de l'enseignement est encore la meilleure discipline, et, quand on a associé son souvenir au souvenir de ces premiers travaux d'une intelligence qui s'ouvre et sent qu'elle se forme, on ne doit pas craindre qu'il s'efface. Entre le travail rebutant et le travail attrayant de Fourrier, qui consiste à ne faire que ce qu'on veut, et, quand on le veut, à ne rien faire, il y a un milieu, le travail obligatoire, accepté comme moyen d'apprendre ce qu'on désire connaître. Pour que le travail soit bon, il n'est pas nécessaire d'y mettre de l'ennui.

Voilà le système d'études qui me semble préférable, et pour les objets d'études et pour la manière de les étudier. Sauf quelques sacrifices, comme le temps en demande toujours, ce n'est rien de nouveau : l'Université n'a qu'à revenir à elle-même. Qu'elle y revienne aussi en se proposant uniquement la meilleure éducation possible et attendant le reste.

Depuis quelque temps l'Administration de l'Université paraît très-préoccupée du chiffre des élèves des colléges. Tout est bien quand la raison vient d'abord et le nombre après ; mais le nombre sans la raison n'est rien d'estimable. On est toujours sûr de l'avoir quand on flatte la passion du jour, sans regarder si elle est raisonnable ou déraisonnable, et prêt à changer avec elle. Dans un temps où les carrières sont encombrées, où le soin de placer ses enfants, pour qu'ils vivent, préoccupe si justement les parents, où tant de regards sont tournés vers les écoles et les professions de l'industrie, on a entendu proclamer que le nouveau plan d'études menait tout droit là, et on y a couru; mais les années se passent, les enfants grandissent, les difficultés restent, l'opinion s'émeut, et vous risquez de périr par deux adversaires, les précepteurs désintéressés et les industriels, par ceux qui font le bien et le mal mieux que vous, qui aimez trop le succès pour ne sacrifier qu'à la raison, et vous estimez trop, Dieu merci, pour faire de vos établissements une exploitation. Que gagnez-vous à détruire les Ecoles préparatoires, si vous ne devez les détruire qu'en les remplaçant, comme vous avez fait pour le baccalauréat? Le caractère de l'Ecole préparatoire est de développer les facultés utiles pour l'examen, dans la proportion où l'examen les demande et dans un temps limité; elle reçoit beaucoup de candidats attardés, dont les études ont été imparfaites et qui, voulant arriver à une destination vite et à tout prix, ayant besoin de réparer promptement ce qui leur manque, ont besoin aussi d'un traitement particulier. L'enseignement public prend son temps. Comme la nature met des années à former un homme, il met des années à former un esprit, qui, étant d'abord cela, devient ensuite par là même l'esprit d'un élève de l'Ecole polytechnique ou de l'Ecole normale, ou de l'Ecole de Saint-Cyr ou de toute autre. Quoi que fassent les colléges, ils ne tiendront jamais lieu des Ecoles préparatoires: ils n'en ont pas, ils n'en peuvent pas avoir l'allure. S'ils devenaient un jour des Ecoles préparatoires, celles-ci n'auraient qu'une chose à faire : ce serait de devenir des colléges, et on verrait qui y gagnerait. Laissant donc ces appréciations mesquines, ces jalousies, qui ne lui conviennent point, que l'Université envisage seulement ce qu'elle se doit à elle-même et aux familles qui lui confient leurs enfants, et aux enfants qui lui sont confiés. Si elle tient au nombre, elle aura même le nombre; car, après des aventures plus ou moins heureuses, les parents déroutés retournent infailliblement à une institution ouverte, sérieuse et désintéressée, qui agit sous le contrôle et la garantie publique et les délivre de la responsabilité. Ou je me trompe fort, ou les Ecoles, qui ont pu être flattées un moment qu'on travaillât en vue d'elles dans les colléges, en sont bien revenues. On entend des confidences curieuses; il paraîtrait que ce qui a le plus souffert du plan tout scientifique des études, ce sont les sciences. L'Université, de retour aux vrais principes, aura cette douceur d'y trouver encore son profit.

L'enseignement n'est pas tout dans les colléges. On aurait un plan d'études excellent, qu'il y aurait encore d'autres soins à prendre. Je n'en dirai qu'un mot, mais je le dirai.

L'Administration supérieure classe depuis longtemps les colléges par la richesse; ce n'est une bonne manière de classer ni les hommes ni les colléges. Le principal dans un établissement est l'esprit qui y domine. Cet esprit est-il bon ou mauvais? Y a-t-il dans l'autorité cette puissance durable qu'on obtient quand, désirant l'affection, mais méprisant la popularité, on s'attache au bien? Y a-t-il, avec les soins généraux, l'attention aux caractères et aux besoins particuliers des élèves, l'action personnelle qui remplace l'action de la famille? Y a-t-il chez les élèves le respect, la confiance? Cela vaut qu'on y regarde. L'instruction est une chose, les qualités administratives en sont une autre : elles sont un mélange de fermeté, de douceur, de connaissance morale, de mesure et de tact, qui se trouve bien rarement, et qui est pourtant bien essentiel quand on veut conduire des enfants ou des hommes. L'Université est un corps naturellement savant où ces autres qualités devraient être très-encouragées. Nécessaires chez les fonctionnaires de tous les degrés, elles le sont au plus haut point dans la classe des fonctionnaires qui sont toujours en contact avec les élèves, j'entends les maîtres d'études. Ceux chez qui on les aurait trouvées, on leur ouvrirait, en récompense, l'administration. Je vois bien qu'on leur demande des grades, mais je ne vois pas qu'on leur donne pour cela du temps et du profit. Où en est l'ordonnance du 17 août 1853, qui veut qu'après six ans les maîtres d'études soient licenciés ès-lettres ou ès-sciences, sous peine de n'être plus maîtres d'études? Quel heureux moyen de recruter ce corps nécessaire et de disputer des sujets à l'industrie! Qu'on y songe; toute cette matière de l'administration est de la plus grande conséquence. La plupart des pères et surtout des mères connaissent peu la répartition des objets d'enseignement dans les classes; mais quand ils confient leurs enfants à une maison, ils s'informent quel y est l'esprit, quel y est l'air; ils demandent pour conduire leurs fils des mains plus fermes que les leurs, non pas plus rudes, et que ces fils retrouvent là où ils vont un peu de la famille qu'ils ont quittée.

Veut-on achever de bien faire, veut-on ajouter à l'estime de l'enseignement public par la dignité du corps qui le représente? Voici une réclamation juste. L'Université n'est pas la première administration venue. Indépendamment des services, respectables partout, les professeurs ont des titres et des grades, difficiles à obtenir. Ces titres et ces grades donnent des droits. Aussi on conçoit l'Instruction du 19 janvier 1821 sur la juridiction de l'Université envers ses membres : « Deux règles sont fondamentales en cette matière. La première veut que nul ne soit condamné qu'il n'ait été entendu; la deuxième, que toute accusation soit éclaircie, soit à charge, soit à décharge. Signé Corbière, Cuvier, Sylvestre de Sacy, Guéneau de Mussy, abbé Eliçagaray, abbé Nicolle, Rendu, Poisson. » Le ministre était alors M. Siméon. Un professeur qui ne pouvait être suspendu ou révoqué qu'après un jugement en forme devant le Conseil académique ou le Conseil de l'Université, sentait qu'il était quelque chose, et empruntait de là une grande considération. Attaché à des fonctions qui usent un homme, il consentait à s'user, certain d'atteindre une retraite, pour laquelle d'ailleurs il versait chaque année la vingtième partie de son traitement. Depuis, le jugement a été supprimé, et la volonté du ministre suffit pour le casser, sans préjudice des événements politiques qui apportent de nouvelles clauses au contrat. J'ai beau réfléchir sur la puissance des ministres et des révolutions, je n'en connais pas qui puissent enlever sans jugement, à un homme qui fait son devoir, le prix des grades obtenus, le fruit de vingt ans, de trente ans de services, et l'épargne de ces années Un corps sans droits n'est pas un corps.

J'entends dire qu'on ne voudra peut-être pas détruire ce qui est, parce qu'il y aurait de la honte à changer tout si vite ; nous craignons d'avoir l'air d'être légers, et on tient à sa réputation. Allons, voilà qui est bien, nous allons devenir constants ; mais on ne le croira pas, et on dira de nous ce qu'on a dit de la Fortune, qui ne serait pas aussi inconstante si, pour changer, elle ne restait quelquefois en place. Changeons donc encore une fois, et plus après. Notez qu'à ce coup nous nous déciderons sur expérience. Expérience de quatre ans ! répondra-t-on. Oui, de quatre ans ; mais d'abord quatre ans sont quelque chose en France ; puis les auteurs du nouveau système n'en avaient pas demandé davantage pour le voir fonctionner complétement et le juger à l'œuvre. Il est jugé. Je le savais quand j'ai écrit ma première lettre, qui, sans cela, aurait passé inaperçue. La sensation qu'ont faite, dès les premiers jours, les articles de MM. Saint-Marc-Girardin, Laurentie, Léon Plée et de la Bédollière, dans des journaux qui ne s'entendent pas d'ailleurs sur toutes choses, le retentissement qu'ils ont eu dans les départements, ont mis au jour ce qui était caché. On a refusé là l'occasion d'une belle enquête publique et qui commençait bien. Elle se poursuit dans le particulier par les incertitudes, les craintes des familles, par les vocations flottantes des enfants, les inaptitudes, les déceptions, le jeu des examens, le jugement de chaque jour sur soi-même. La note officielle n'a pas réussi à donner de la consistance à quelque chose qui se dissout. On a pensé à un malentendu, on n'y a voulu voir que les améliorations promises, comme une porte entr'ouverte par où toutes les réformes peuvent passer. L'Université est comme le reste du public, elle espère ces réformes, et elle comprend que c'est son salut, car pour qu'un régime dure, il est bon de croire qu'il peut se corriger.

Ernest BERSOT.

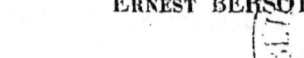

Beau jeune, Imprimeur à Versailles, rue de l'Orangerie, 36.

DU MÊME AUTEUR :

Philosophie de Voltaire, 1 vol. in-18. . . . 3 fr. 50
Essai sur la Providence, 2ᵉ édition, 1 vol. in-18. 3 50
Études sur le XVIIIᵉ siècle, 2 vol. in-18 . . . 7 »
Mesmer et le Magnétisme animal, 2ᵉ édition,
1 vol. in-18. . . . . 1 »

www.ingramcontent.com/pod-product-compliance
Lightning Source LLC
Chambersburg PA
CBHW070524050426
42451CB00013B/2832